JN146444

ありがとう。

ヘアクリエーター
上野和彦の世界

風媒社

「喜びをわかち合うこと」を求めて歩んだ41年

　ヤケドや自動車事故、災害などで頭髪も毛根も失い、精神的なショックを受けて、深い心の闇のなかで苦しむ……。私はこの41年間に、こうした悩みを抱える多くの人たちと出会いました。

　私は2歳の時、囲炉裏に落ちて大ヤケドを負いました。頭部左半分の頭髪を失い、ヤケド痕のために、ひどいイジメを受けました。とても苦しく辛い少年時代でした。

　そうした自分自身の経験から、「同じ心の傷をもつ人たちのためになることがしたい」と思い、"理容の道"から"かつら技術者の道"を目指すようになりました。忙しい仕事の合間を縫って、医療用かつら「リハビリツーペ」(実用新案特許取得)の研究開発に取り組んだことが、昨日のことのように思い出されます。顔のヤケド痕をカバーする「リハビリメイク」の確立にも力を注いできました。悩みを抱く人たちと「喜びをわかち合うこと」を求め、歩んできて、本当によかったとつくづく感じます。

　「生きる喜びを感じられるようになりました」「暗く長い道に、明るい希望の光が差しました」……。

　多くの人たちから、喜びの声が返ってきました。いま、悩みを解消できた人たちと感動を共有できた41年間の喜びが、私の胸を熱くします。

　心からの感謝を込めて、この本を皆さまへ。

　　　　　　　　　　　　　　　　　　　　　　　　ヘアクリエーター／上野 和彦

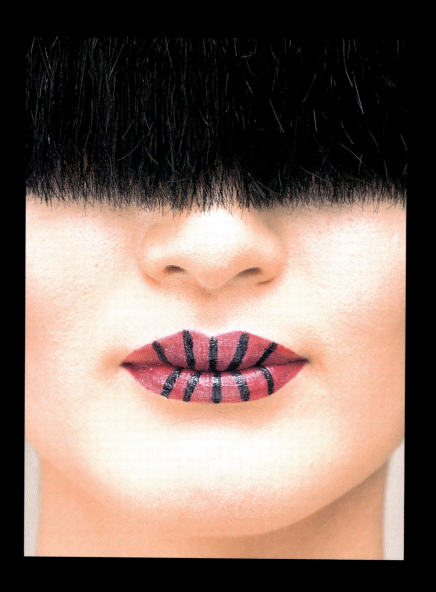

HOT

ネイルアートヘア

1
クリニック

女性客にかつらをつける。一人一人の頭に合わせて自然な仕上がりにする。
(名古屋市のクリニックサロン)

次の「ありがとう」が聞きたくて

けがや病気による脱毛、薄毛に悩む人たちの医療用かつらを40年間作り続けてきた。旧三和村(上越市)出身の理容師、上野和彦(60)＝愛知県日進市在住＝。「かつら博士」の異名で知られる一方、ヘアクリエーターとして斬新な髪型を提案するなど幅広く活躍する。幼いときの大やけどで左半分の頭髪を失い、いじめられた経験が活動の原点だ。「自分と同じ思いをさせたくない」とかつらの技術を磨きながら、やけど患者に寄り添うボランティア団体を設立し、心のケアにも努めている。

これまでかつらを約5700個作りましたが、一番心に残っているのは5歳の男の子です。

上野は1970年に18歳で理容師資格を取り、愛知県にいた義兄の紹介で本県から名古屋市に引っ越してかつら作りに携わるようになった。75年にかつら専門のクリニックサロンを開いて間もないころ、男の子が両親と訪ねてきた。

その子は自宅で遊んでいるとき、ストーブの上のやかんをひっくり返して大やけどしました。頭のてっぺん、ちょうどつむじあたりの皮膚が手のひらぐらいの大きさで溶けてしまい、髪の毛を失いました。

両親は「小学校へ入学するのに、この頭ではかわいそうだ」と病院を何軒も回りました。しかし、どの病院でも「暴れると大変なので大きくなるまで手術はできない」と断られたそうです。しかも手術はおしりの皮膚を移植するので、傷自体は残ります。今の医療技術でも、頭髪と同じように髪が生えるようにする

のは難しいそうです。

　両親はわらをもつかむ思いで、私のところに来ました。男の子は終始うつむき加減で目を合わせません。5歳とは思えないほど暗い子どもでした。私は自分がかつらのおかげで前向きに生きられるようになった経験を話しました。そして、自分のかつらを脱いでみせた。「かつらを着けることで心に太陽が輝くようになりますよ」と。

　1カ月後、できたかつらを頭に着け、他の子と同じような坊ちゃん刈りに整えると、男の子は今までにない笑顔を見せました。それから定期的にかつらの調整でサロンを訪れましたが、以前からは想像できないぐらい、いろいろな表情を見せる明るい子どもに変わりました。

　お客さんが心を開いてくれるのが一番の財産です。かつらを作って「ありがとう」と感謝の言葉を返されると、うれしくて疲れも吹き飛びます。

　ヘアクリエーターとして国内外のヘアショーや理容技術競技会に度々出場。かつらの技術を高めるとともに、医療用かつらへの理解を広めている。

　サロンにはいろんな方が来られます。昔はいろりやストーブでやけどした人が多かったのですが、今は抗がん剤投与やアトピー性皮膚炎で毛を失った方も多い。ストレスによるとみられる円形脱毛症の方も増えました。今では4割が女性です。「温泉で恥ずかしくないように」と体毛のかつらを頼まれたこともあります。悩みや症状は年々多様化していますが、みなさん、かつらを着けることで人が変わったように明るくなりますね。

　サロンを開いてもうじき40年。ボランティア協会でやけど患者のカウンセリングも続けてきたので、休みはほとんどありませんでした。でも、次の「ありがとう」を聞きたくてやってきたので苦にはなりません。何より、自分の子どものころのようなつらい体験を誰にも味わわせたくないのです。

カサブランカ

風

2 やけど

親戚と旅行先で撮った記念写真。上野(左端)は髪がない姿を撮られることを嫌い、写真の頭髪がない部分をフェルトペンで塗りつぶした。
(1963年、新潟県妙高市)

いろりに転落、髪を失う

1952年8月、旧三和村(新潟県上越市)で、農業をしていた父克治と母シノの間に生まれた。6人きょうだいの末っ子だった。

三和村でも私が生まれた上杉地区は山沿いにあり、冬になると家の前に高さ5、6メートルの雪の山ができる。2階の窓にはしごを掛けて出入りしていました。昔ながらのかやぶきの古民家で、昼間でも電気をつけていた思い出があります。まだ集落全体が貧しく、暖をとるのはもっぱらいろりとこたつでした。

2歳の時です。雪がしんしんと降り続いていた冬のある日。私はいろりのそばで横になっていたそうです。母はぐっすり寝ているのを確認し、隣の家に回覧板を渡しに出ました。数分の出来事でした。

「ぎゃー」。大きな叫び声が山里に響き渡ったそうです。母が慌てて戻ると、私がいろりの真ん中に頭から落ち、泣き続けていました。母はすぐ引き上げ、外の雪を持ってきて、焼けただれた頭を必死に冷やしたそうです。

当時は自宅に車なんてないし、そもそも雪が道路を完全に埋めていました。今のように救急車で病院へ連れていってもらえれば、もっと後遺症が軽かったかもしれませんが…しょうがないことです。

母の応急処置のおかげで、一命は取り留めました。しかし、おでこの生え際と頭の左半分にケロイド状の傷痕が残りました。母はどこからか野沢菜を巻くと良いと聞きつけ、

しばらく私の頭に手ぬぐいで巻きつけてくれたそうですが、患部から髪の毛が生えることはありませんでした。

いろりでやけどを負った偉人に、福島県出身の医学博士・野口英世がいる。野口も1歳の時にいろりで左手をやけどし、障害を負いながら黄熱病などの研究で世界的に知られる業績を残した。

エピソードが似ていると言われることもありますが、比べられるのも恐れ多いです。似ているのはトレードマークの口ひげぐらいですかね。でも、ハンディを負いつつ頑張っている点を評価していただけるのはうれしいです。

やけどのことがあったせいか、幼いころ、家族はいつも私を気に掛けてくれました。きょうだいは姉が3人と兄が2人で、一番上の姉とは年齢差が17ある。年が離れていることもあり、優しかった。

きょうだいが多くて本棚がない私のために、父が本の置き場を作ってくれたこともありました。緒が切れた自分のげたを裏返しにして色を塗っただけのものですが、学校の教科書を十分に置くことができました。ふだんは酒ばかり飲んでいた父ですが、この時ばかりは涙が出ました。

私が後に、高校よりお金がかかる県高等理容美容学校に進みたいといった時も、父母は「好きなようにやりなさい」と言ってくれました。2人とももう亡くなりましたが、私にやけどさせてしまったという負い目をいつも抱えているようでした。

温かい家族に囲まれ、髪形がほかの子とちょっと違うなとは思ってはいましたが、小学校に入るまではそれをコンプレックスに感じることはありませんでした。しかし入学後、頭髪がないことが人生に大きな影響を与えることになります。激しいいじめに遭ったのです。

菊

少女

3 コンプレックス

県高等理容美容学校の制服姿で記念撮影。右側の髪を伸ばして左側のやけどの跡を隠していた。(1969年)

いじめられ、将来を悲観

1959年春、旧三和村(上越市)の上杉小学校に入学した。

山里の小さな学校ですが、子どもが多い時代だったので1学年3クラスありました。入って程なくして、クラスの男の子たちが「やけどの痕が気持ち悪い」といじめてきました。地元の方言ではげは「こっぱ」。「こっぱ、こっぱ、あっちいけ」と仲間はずれにします。時には寄ってたかって蹴ることもありました。

私は当時、左半分のはげが分らないように、右側の髪を長く伸ばして覆い隠していました。しかし、運動会や体育で走ったりすると、風でなびき、はげが見えてしまいます。するとまた「こっぱ、こっぱ」と始まるのです。

だから当時は女の子と一緒にままごとをして遊ぶことが多かった。自分から男の子の輪に入るのを避けていたのですね。夢は調理師になって料理屋を開くことでした。

でも当時の男の子の遊びといえば、野球。私も巨人軍の王貞治選手が大好きで、いつもラジオで応援していました。運動神経には自信がありましたが、たまに野球の試合に誘われると、守備は外野で打順は下位にしました。だって、憧れの王選手のようにファーストを守ると、ボールがよく飛んで来るじゃないですか。帽子が飛んではげが見えることが怖かったんです。

写真を撮られるのも嫌でしょうがなかった。小さいころの写真はほとんどありませ

ん。クラス写真では右の方を見せるように、必ず一番後ろの端に立った。はげが写ってしまった写真は、後で頭をフェルトペンで塗りました。

　高学年になると、このまま生きていて良いことがあるのだろうかと、将来に対する漠然とした不安が強くなりました。何をしても頭のはげがついて回り、いつまでもいじめられる。考えれば考えるだけ苦しくなり、生きていくのが嫌になりました。家の裏にある大きな木にロープを巻き付けて首をつって死のうと考えたことも、何度かあります。優しくしてくれた両親やきょうだいの顔が浮かび、実行はしませんでしたが。

旧三和村の旧上美中学校を経て、68年に上越市にある県高等理容美容学校高田分校の理容科に進んだ。

　頭髪が進路も左右しました。中学生の時、志望する高校が男子は全員、丸刈りだと知らされたのです。実は中学も丸刈りだったのですが、私は免除されていたのです。高校でも同じように事情を話せば免除されたかもしれませんが、いつまでも特別扱いされるのは嫌でした。それで高校は断念し、先生に薦められた専門学校に入ったのです。

　学校は自宅からバスで40分ぐらいでしたが、自転車で通いました。バスで高校に通う同級生たちと顔を合わせると引け目を感じて心がなえるので。楽しそうに車内で会話する高校生を横目に、「何くそ、負けるものか」と雨の日も風の日も自転車をこぎました。

　理容科は2人一組になってシャンプーとかの実習をする。はげが見えるのがつらくて逃げてしまいたかった。でも、相棒になった同級生が頭がぬれないようにタオルを巻いて、シャンプーを使わずにまね事をしてくれたのです。カットの練習も同じでした。優しさにジーンとして涙が浮かびました。この友人のためにも一流の理容師になってやると誓いました。彼は埼玉県で理容師をしていて、今も親交があります。

姉妹

4 名古屋へ

初めて作ったかつらを着けて成人式に参加。
（1973年1月、名古屋市の公園）

悩みを糧に仕事決断

　上越市の県高等理容美容学校高田分校を1年で卒業。1969年春から柏崎市の理容店で2年半修業し、理容師の国家試験に合格した。

　柏崎での修業時代、米山をモチーフにしたデザインを考案し、郵便局の消印に採用されたこともありました。昔から絵をかくのが好きで、中学校の時は美術部でした。美術の経験は、後にヘアデザインを考える時も生きましたね。

　理容師資格を取り、これからどうしようかと悩みました。地元で床屋を開業するより、もっと何か大きなことをやりたいと思っていました。

　そこへ、愛知県に嫁いだ姉のだんながアドバイスしてくれたのです。彼は髪が薄くかつらを愛用していたので、「やけどの経験を生かして、かつら作りの道を歩んだらどうか」と。「自分のように髪に悩む人の手助けができるのであれば、一生の仕事にできる」。そう思い、決断しました。71年いっぱいで柏崎のお店をやめて、義兄の紹介で名古屋市に向かったのです。

　72年4月、名古屋市にあるかつら専門商社に入社した。従業員は10人ほどで、かつらは40代前後のベテランが担当していた。

　系列の理容店勤務を経て、本店でかつらの担当になりました。かつらそのものは工場で作るのですが、お客さまにあったかたどりや装着後の調整をするのです。しかし、最初

は私のような若造に、かたどりなどの大事な技術を教えてくれません。仕事はもっぱら、先輩が納品したかつらをお客さんに合うようカットして調整することでした。でもこれでは、いつまでたっても自分でかつらを作ることができません。先輩のかたどりやお客さんへの装着の仕方を、柱の陰からじっくり観察して技術を盗みました。

職人やスポーツ選手と同じようにかつら作りも休むことなく技術を高めないと、人に勝てない世界です。夜、家に帰ってからも昼間見た先輩のやり方を思い出しながら、かたどりの練習をしました。休みの日は、やけど患者が通う病院を回り、どんなかつらが必要かも調べました。

給料は中卒扱いで8万円でした。4畳半一間の風呂なしアパートに住んでいましたが、洗髪がつらかった。銭湯では人目を気にして洗えないのでアパートでお湯を沸かし、たらいで洗っていました。

20歳の時、転機が訪れました。初めて自分用のかつらを作ったのです。シャンプーができるし、髪を短くしておしゃれもできる。給料をはるかに上回る20万円近くかかりましたが、人生が大きく変わりました。なんといっても対人関係に自信を持てました。

でも会社の仕事は、だんだんと物足りなくなっていきました。当時は、若はげもやけどもひとくくりで、頭に樹脂をかぶせてかたどるのが一般的でした。若はげの装着面は平らですが、やけど患者の傷痕はざらざら。私もそうでしたが、同じやり方では装着感が悪いんです。次第に、やけど患者一人一人に合わせたかつらを作りたいとの思いが強くなり、独立したいと考えるようになりました。

3年目の年末に会社を退社しました。名古屋の繁華街の雑居ビルで、かつらのお店を始めることにしたのです。当時22歳。今にして思うと、生活するのにやっとだったのに、思い切ったことをしたものです。

アラモード

5 独立

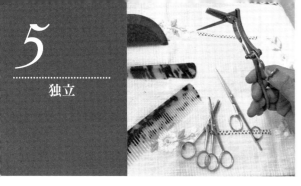

かつらの装着に欠かせない道具。かつら専用のすきばさみ（右）は髪の毛を切りすぎない構造になっている。

やけど痕を隠すプロに

　独立して、「やけど患者に合ったかつらを作ることができる」と夢を抱きました。でも現実は違いました。

　1975年10月、23歳の上野は名古屋市の繁華街にある雑居ビルの一室を買い、かつら専門のクリニックサロン「サン・ヘアー中部」を開店させた。資金は住宅ローンで工面した。

　かつらは装着してから髪をカットして調整するので、理容師や美容師の資格がいるのです。理容店にすれば経営の苦労もなかったのですが、あえて退路を断ち、赤と白と青の線が回るポールが置けないビルの5階にしました。かつらを求める人の気持ちに配慮したからです。人通りの多いところに大きな看板を掛けても、入りづらいんですよ。雑居ビルなら、周囲の目を気にせず入れますからね。

　ただ客入りはさっぱりで、初めてのお客さんはオープン1カ月後。ここまで苦労するとは思いませんでした。

　支えてくれたのが、妻の澄枝です。前のかつらの会社の同僚で、オープン後の11月に結婚しました。彼女も理容師の資格があり、軌道に乗るまで別の理容店で働いて、ローンの返済や生活費を賄ってもらいました。今も頭が上がりません。

　あまりにお客さんが来ないので、知り合いの紹介でアルバイトをしました。靴をきれいにするスプレーの訪問販売です。1本2500円で売り、利益は3割の750円。今もはっきり覚えています。毎日午後6時に店を閉め、3時間

ぐらい住宅街を売り歩くのです。40軒ぐらい回って、10本前後売れました。断られた家でも髪の毛が薄い人がいればもうけもので、サロンの宣伝もできた。とてもいい商売で、ローンの支払いぐらいは出せるようになりました。

昼間に時間が空けば、愛知県内の大学病院や皮膚科を回り、かつらが必要なやけど患者を紹介してくれるように医師にお願いしました。とにかく歩き回ったので、月に1足は靴を履きつぶしました。苦労のかいがあって、徐々にかつらのお客さんも増え、オープン3年後にはスプレー売りのアルバイトをしなくてすむようになりました。

上野はやけど患者のため化粧法も学んだ。特殊な化粧品を使い、やけどや傷の痕を隠す。上野にメークしてもらうため、遠くは岡山県から通う患者もいる。

例えば足のやけど痕を化粧で隠すことができれば、青空の下でスカートがはけます。大人はストッキングで隠せますが、子どもは使えません。特に運動会やプールで傷が見えるかどうかは、当事者には切実なんですよ。化粧で皮膚の変色はきれいにカバーできる。私が色を調合して、はげてきたら患者さんが自分で塗り直せるようにします。

メークは会社勤め時代から学び始め、仕事が終わった後に講習会へ通いました。結婚前のデートは映画を見に行くとかではなく、自宅で妻の手を借りて化粧の練習ばかり。妻の手に黒のフェルトペンを塗ってあざに見立て、それが目立たなくなるようメークするんです。何度も何度もやったので、妻の手が荒れているのは私のせいでしょう。

最近はタトゥー（入れ墨）を入れた人が、結婚式でドレスを着ても見えないようにしてほしいと訪ねてきます。レーザー光線で焼く方法や皮膚移植もあるのですが、痛いし時間がかかるから敬遠するのでしょうね。

無国籍

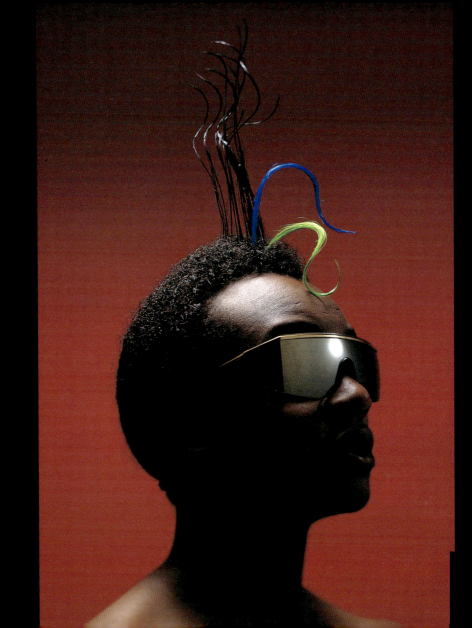

6 ボランティア

相談会などのボランティア活動が国に認められ、厚生労働大臣表彰を受ける。
(2012年11月、愛知県庁)

患者5万人。笑顔届け!

名古屋市に医療用かつら専門サロンを出した1975年、上野はサロンを事務局に「日本熱傷ボランティア協会」を設立。会員はやけど患者とその家族、医師、理容師らで現在約120人。上野はずっと会長を務め、患者向け相談会や講演会、やけど被害防止PRなどに取り組む。

やけどの講演会で、熱傷医学の権威だった愛知・中京病院の故井沢洋平先生と会ったのがきっかけです。先生に病院に招かれ、自分よりひどいやけど患者が多いことに驚いたのです。顔や頭、足に大きな痕が残っている。「しかし、医療では治せないんだよ」と井沢先生は寂しそうでした。

それなら、かつらやメークの技術が生かせるのではないか。やけど経験があるからこそ患者に寄り添い、心のケアができるのではないかと、一人で協会を始めました。協会の活動はサロンが休みの毎週月、火曜日。お呼びがかかれば、全国各地に行きます。これまでに北は北海道から南は鹿児島県の種子島まで、約5万人の相談に乗りました。

新潟市にも年に2、3回行きますよ。協会のメンバーと駅前のホテルに泊まり、カウンセリングをします。ホテルの室内だと、患者が周囲の目を気にせず来やすいようです。新潟県は寒くてストーブを使う機会が多いので、やけどの症状が重くて心を閉ざしている方が少なくない。でも相談会でかつらやメークで傷が隠せることを伝えると、ぱっと表情が明るくなります。

新潟に限らず、人前に出たくないと内にこ

もる患者さんはまだまだ多い。それでボランティア協会の知名度アップとやけど被害防止のアピールのため、有名人の色紙展を考えたのです。

上野は芸能人やスポーツ選手に、サインとやけど被害を防ぐメッセージを書いてほしいと依頼。新潟県出身の故三波春夫、元プロ野球の松井秀喜ら約500人の有名人が無償で協力した。その中で主立ったものを飾る色紙展を、数年おきに名古屋市で開いている。

色紙展を思いついたのは、三和村（現上越市）にいた小学5年生の時の経験があるからです。当時、プロ野球巨人軍の王貞治選手にファンレターを書き、千羽鶴を贈りました。「自分はやけどが原因でいじめられている」と悩みも書き添えて。すると、王選手から「つらいことがあっても負けないで頑張ってください」という手紙や色紙とともに、私の千羽鶴を手にした写真が送られてきたのです。

新潟の田舎に住む少年に、あの有名な選手がメッセージをくれた。震えるほど感動したことを今も忘れません。患者にとって、著名人の一言が生きる励みになることを身を持って体験しました。今もせっせと、各界の著名人に依頼の手紙を書いています。

手紙をもらった約30年後、テレビ番組に出演した時、王さんの写真と色紙を宝物として紹介しました。すると数日後、王さんから突然電話があったのです。たまたま番組を見たらしく「上野君は頑張ってきたんだね。今度名古屋へ行くからおいでよ」とナゴヤ球場に招待してくださった。ボランティア協会の色紙にもすぐに協力してくれました。感謝、感謝です。

全国にはやけどに悩む患者がたくさんいます。私が相談に乗ることで一人でも多くの患者が笑顔になってもらえたら。そういう思いで、これからも全国を回り続けるつもりです。

時代

7 クリニック

上海万博で、かつらを使って
「日本の美」を表現する。
（2010年8月、上海。撮影・大竹浩二）

故郷が育んだ斬新さ

　名古屋にかつら専門のサロンを開いて10年がたった1985年ごろから、かつらや理容の技術を競う大会に出るようになりました。もっといいかつらを作りたいという思いが常にあったし、一方で理容師として技術を磨き、いろんな髪形を発信したい気持ちもありました。かつらを使うことで、ヘアスタイルの幅や可能性は大きく広がります。

　85年に理美容総合芸術国際選手権の東京大会でファッションスタイリング部門の1位を獲得。86年にはイタリアの世界理美容国際選手権大会のツーペ（部分かつら）部門に日本代表として出場した。

　イタリアでは制限時間50分で、頭頂部に髪がない地元のモデルにかつらをのせ、セットしました。イタリア人の髪質は細くて癖毛。日本人にはないタイプで苦労しました。

　俳優の小林旭さんがやっていたように、横から後ろに髪の毛を流すサイドバック式の髪形にしました。ほかの国の選手はオールバックが多かったです。出場者は61人でベスト3以外は順位がはっきり出ないのですが、「上位入賞」で表彰されました。

　次回こそ優勝と思っていたら、これを最後にツーペ部門がなくなってしまいました。以来、90年ごろまで何度か国内の大会に出てタイトルも取りましたが、次第にファッション性を重視するヘアショーに重心を移していきました。

　名古屋のお祭りとかでショーをしていた

ら、いろいろなイベントに呼ばれるようになったのです。妙高市出身の女性マジシャン、引田天功さんをモデルにしたこともあります。2005年には愛知県で開かれた愛・地球博のショーにも出ました。一番思い出深いのが中国の上海万博です。

10年8月、上海万博の日本館にあるイベントステージに中部地方代表として出場。「上野和彦ワールドヘアショー」を開いた。

ショーは客を入れたリハーサルを含め、1日で3回行いました。準備に半年費やし、舞妓や花魁、琴など和の雰囲気を伝えることを狙いました。

モデルは日本人を6人連れていきました。髪の質や長さにこだわり、東京や名古屋でオーディションをして。中国のモデルよりお金はかかるのですが、和のコンセプトにマッチし、心を通わせられるモデルが欠かせませんでした。

ショーは30分ずつで、私と若手の理容師ら6人が夢中でモデルの髪をセットしました。最後に全員でステージに立つと、中国人で満員の会場から拍手が鳴りやみません。言葉が通じなくても、美しさを求める心は一緒なのですね。

ヘアクリエーターとして90年から、さまざまなヘアスタイルを提案した写真展を名古屋や東京で開いてきた。ヘアアート写真集『上野和彦の世界』など著書も多い。

斬新なヘアデザインやステージ演出の基礎になっているのは、新潟での経験です。上越の山や柏崎の日本海で培われた感性が、いま生きているのだと思います。

ショーをするのは、理容師になったころからの夢でした。パリや東京のようなファッションの中心地でなく、地方都市の名古屋から新しい髪形を発信できることを世間に示したいという思いもあった。新潟でもショーや写真展をやりたいですね。

欄

三ツ編み

8 夢

全国の患者から届いた感謝の手紙に返事を書く。気持ちを伝えようと、手書きにこだわる。
（名古屋市のクリニックサロン）

若手に技術伝えたい

　上野は全国理容生活衛生同業組合連合会などの講師も務め、拠点の愛知県をはじめ全国各地で若手理容師らの技術指導に力を注いでいる。

　2010年の上海万博のヘアショーでも、教え子の若手理容師2人をステージに立たせました。モデルや道具の費用は全て私持ちで。2人にとって、国際的な舞台に立てた経験はかけがえのないものになったと思います。

　なぜ技術の未熟な若手をあえて起用したかというと、今後の理容業界への危機感があるからです。最近は千円とか格安でカットする店が増え、地域に根ざした理容店が立ちゆかなくなっている。それで理容師の希望者が減ってきています。だからこそ若手に、世界で活躍できる職業だと身を持って体験させたかった。

　ヘアショーをやる主宰団体「UHA上野和彦ヘアアカデミー」で、1980年代後半から理容師の指導、育成をしています。若い人たちに、頭から足の先までトータルファッションを考えなさいと伝えている。爪を彩るネイルとかも学ぶ必要があると。技術が高ければ格安店に負けませんし、新しいファッションを世界に発信することもできる。若い人に大きな夢を持って理容師を続けてほしいのです。

　ただ、私のように医療用かつら専門のクリニックサロンを開く人は、全国でも少ないようです。時代が変わってもやけど患者がいな

くなることはありません。必要としている人が必ずいる。技術を磨き、病院を回って患者さんを紹介してもらう作業は簡単ではありませんが、意欲がある若い人が出てくることを期待しています。余裕ができたら、専門学校を開いて後継者を育てたいとも考えています。

　かつらの値段は種類にもよるが、10円玉の大きさで3万〜5万円。高いもので一式50万円近くする。特に子どもは成長とともにサイズを変えるため、大きな負担になる。上野が会長の日本熱傷ボランティア協会では、かつらに医療保険適用を訴えている。

　かつらも年々進化しています。頭に留めるのは両面テープ、ピンとかいろんなやり方がありますが、以前のように風で吹き飛ぶようなことはありません。毛の種類も一番安い人毛から、人工毛、自由なヘアスタイルが楽しめる形状記憶毛までさまざま。でもいいかつらほど、値段は高い。

　医療保険適用を訴えると、役人は「髪の毛がなくたって生命に問題はないでしょ」と言います。しかし私を始め多くのやけど患者が、かつらのおかげで対人関係に自信が持てて、生きる希望を抱けているのです。かつらも眼鏡のように顔の一部。眼鏡を変えるようにおしゃれだってしたい。ただ、今の値段では複数持つことは難しいです。

　昨年ボランティア功労者として厚生労働大臣表彰を受けました。実績を積み重ねることで世間や行政の理解を広め、保険適用につなげたい。身体の続く限り、まだまだ頑張りますよ。

（報道部・鈴木一弘）

『新潟日報』(朝刊)連載「ひと賛歌 上野和彦さん」全8回
　2013年(平成25年)6月18日(火曜日)付〜
　2013年(平成25年)6月28日(金曜日)付

無限

Talk 座談会

松井宏夫 × マギー司郎 × 上野和彦

MATSUI Hiroo 医療ジャーナリスト・司会　　MAGGIE Shiro マジシャン　　UENO Kazuhiko

苦労するほど種を蒔く。
種を蒔かないと花が咲きません。

人が喜ぶことをしてあげると、自分も幸せになれる。

上野和彦◉実は昨日（7月14日）、私の熱傷のボランティア活動に対して、米国大統領府の「プレジデント・ボランティアサービス賞」を受賞し、オバマ大統領から親書とサイン入りの記念メダルをいただくことができました。私が41年間、地道に活動してきたことを評価していただきました。これからも髪の無い人たちが笑顔を取り戻せるよう、命の続く限り頑張っていきたいという気持です。

マギー司郎◉僕は、「お客さんが喜んでくれることをやれば、自分も幸せになれるよね」っ

てよく言っているのですが、上野先生も同じですね。人が喜ぶことをしてあげると、自分もなんか幸せになってきますね。

上野◉そうですね。医者は治療はできても、心のケアまではなかなかできません。私の場合は、ヘアクリエーターとして、カツラづくりとか、ケロイド痕をカバーする化粧法を施して健康な肌の状態に見せることで、職場に復帰されたり、学校へ行くことの手助けをします。自分のヤケドのことで、昔は恨んだりもしましたが、今はここまで来ることができたのは親のおかげと感謝しています。本当にこの仕事をしていてよかったと、つくづく思います。

マギー◉やっぱりもともと気持ちが強いのですよ。そして、松井さんも右手ですか、ヤケドをされてますね。

松井宏夫◉1歳ぐらいの時に、囲炉裏でヤケドをしました。手がくっついて開かないという野口英世のようなことはありませんでした。そのあと小学1年生の時に自転車事故で、今度は額と鼻の下に合わせて12針縫うケガをしました。当時、父が「旗本退屈男」と呼んでくれました。額のキズが三日月だったからです。私としては映画の旗本退屈男も、その役の市川歌右衛門も大好きでしたから、すごく嬉しかったですね。

マギー◉冗談でちょっと紛らしてくれた……。

松井◉はい、そういう点では、私も含め3人に似ているところがあると思います。

マギー◉僕は、今はなんでもないのですが、むかし右目が見えなかったのです。それで、一番楽な方に目が寄ってしまっていたのです。その頃は、人の顔を見て話ができなかったですね。コンプレックスというのが、どうにもなんない時ってあるのですよね。

上野◉そうですね。それを治すことによって積極的な人間になれるっていう。だから、どうしてもケロイド痕のある人がみんなのいるところに行きづらい、恥ずかしいと思ってしまう中で、ひとつにはその痕をカバーすることによって、心が積極的に変わるのです。

マギー◉自分自身がそういう状況だったので、皆さんの気持ちが分かるのですね。

松井◉上野さんは、若くしてボランティア活動を初めていらっしゃいますね。

上野◉18歳の時です。私はまだ頭の左半分のヤケドですけど、全身ヤケドとか、もっともっと自分よりひどい人が世間にたくさんみえるのです。その人たちのためにお役に立てることができたらなという活動が、今日まで

になったわけです。

松井◉18歳の若さで、そういうボランティア精神って生まれるものですか？

マギー◉僕も考えつかないですね。

上野◉自分の青春時代を振り返ると、髪が無いことでからかわれ、いじめられていたじゃないですか。友達もいないし、じゃあ仕事以外の休日に何をするかとなると、やはりボランティアに……。人を助けることによって、「ありがとう」という感謝の言葉と笑顔をいただくと、「ああ、やっていてよかったな」という実感があって、それの繰り返しです。

マギー◉友達がいないというのは一緒でした。どうしても目が寄っていると、よく転ぶのです。そして友達がいても、友達の顔が見られないのです。どうして見られないかというと、自分はいいのですが、相手が僕と一緒にいることでつらい思いをするんじゃないかなと思う気持ちがあったのですね。

上野◉失礼ですが、マギーさんはどちらの出身でしたか？

マギー◉茨城です。16歳で東京へ出てきました。だからテレビに出た当時は、カメラ目線というのが分からなくて、お客さんに正面の方を向いて問いかけるのですが、僕の目は正面を向いていないのです。別方向を向いているのですね。だからお客さんは、僕に問いかけられているのが分からないのですよ。隣の人に声かけていると思っている。それに気づくのに時間がかかりましたね。そういう状況の時に、ある食べ物のコマーシャルへの出演依頼がありました。で、オーディションがあるじゃないですか。その時、食品のコマーシャルなので、やはり目に障害があるとだめということになりました。それでNGになり、これは目を普通の状態にした方が良いだろうと思って、手術していただいたのです。

自分が弱さを持っていないと、わからないことがある。

松井◉マギーさんの小学校時代の給食のカップの話は心に残りますね。マギーさん一人が他の子たちとは違う小さなカップ。ところが、一人だけ違って小さなカップだからすぐ見つけられる、良さがある。お母さんは「他人と違っていいのだ」ということを教育されたのですね。

マギー◉松井さんのお父さんと同じですよ。みんなと違う利点というのも確かにあるのです。だから今は芸の中で、みんなと違っていてもいいんだというのが自分の中に根付いた

ような気がします。

上野●私はヘアクリエーターですから、職業上いろいろなことができます。ですが、カツラは一度カットしてしまうともう生えてきません。そして高額です。だから、カウンセリングを重要視して、あとは年齢、その人の好むヘアスタイル、職業とか、そういうものを網羅してのオーダーメードです。私の場合、型取りといって型を取って、それから工場に出して作るものですから、その型取りを完璧にやらないとフィットした製品ができません。私自身、成人式の時に初めてカツラを作ったのですが、非常に違和感があって、不自然な製品だったのです。だから自分はもっと自然な製品、フィットしたより良い製品を作らなければと思います。そこにやはり一番神経を使います。

マギー●それと僕が思ったのは、やはり自分が弱さを持っていないと、わからないですね。経験しないとね。

上野●やっぱり体験ですよ。それより強いものはないですね。

松井●18歳の時にもうボランティア活動をされている。その年齢の時は、もっとお金を稼ごうとか、普通はそういうことを考えるのでは……。

上野●自分のヤケドのことを、いつも心で思っているものですから。その成人式で私は

思い切って短いヘアスタイルのカツラをつけました。つける前はビートルズを真似して長い髪にしていたのですが、「上野はいつも長い髪をしとるな」って他人に言われまして。なんでそんなことであれこれ言われないといけないんだろう、だったらもう他人と会うのは嫌だ……、それならヤケドの人にボランティア活動をしている方がいい、ということだったのです。また18、19歳だと給料も安く、車はもちろん欲しかったのですが、将来独立しようという夢がありました。当時は、湯沸かし器もない四畳半の部屋に住んでいました。頭を洗うとヤケドの痕が見えちゃうので、銭湯にも行けませんでした。それで部屋でやかんにお湯を溜めて、タライで洗っていました。それが今の仕事の原点かなあ。人間やっぱり辛抱です。そして、苦労すればするほど種を蒔いてね。土に種を蒔かないと花が咲かないでしょう。親がそういうことをすごく指導してくれたのです。

マギー●やっぱりお父さんもお母さんもすごいんですよね。

上野●私は新潟県上越市出身で、6人兄弟の末っ子なのです。上3人が女で、下3人が男です。一番上の姉は地元におり、二番目と三番目の姉は名古屋にいます。本来なら東京に出たかったんです。やはり東京の一流の技術を身につけたくて。だけど親が名古屋の姉のところに行けば、もし何かあっても面倒をみてくれるかもということで名古屋に行ったのです。

マギー●でも、名古屋へ出て正解でしたね。

コンプレックスは宝物。

上野●マギーさんも苦労されてらっしゃいますね。

マギー●僕ね、今日、本当に感動しました。日本語ってやっぱりすごい。我慢とかそういうのではなくて、"辛抱"という言葉を今日久しぶりに聞いて、ああこの辛抱という言葉は素晴らしいと思いました。辛抱したのですよ、お互いにね。

上野●辛抱——、好きです。マギーさんの本にも書かれてましたね。

松井●6畳一間に8人で生活をされたそうですね。

マギー●3畳一間に6人寝たこともあります。キャバレーで仕事をしていた時、お客さんが帰った後、ボックスに寝ていました。その後、自分の時間が欲しくて3畳一間を借りまし

た。すると、バーテンさんたちみんなが泊まりに来たりしたのです。その後も19歳ぐらいからストリップ劇場の楽屋で15年近くずっと寝起きしていました。今思えば、稽古がどうの舞台がどうのじゃなくて、やらないと生きていけないので……。そうして48年が過ぎてしまったのです。まあ何げなく辛抱してたのかな。人間って真面目に一生懸命やっていると、いろんな人が見ていてくれるような気がします。

松井●みんな見ているのですね。

マギー●弟子たちが不満なんかを言う時がありますよね。でも、電車に乗ったり道を歩いたりしていると、いろいろな障害のある方を見かけるじゃないですか。そういう時に、「どれだけ僕らは幸せなの。歩いてるでしょう、喋れるでしょう、見えるでしょう。何が不満なの。僕らがそういう人たちのために、ちょっとでも役に立つことをしてみよう」って言うのです。僕は白血病の4歳の子どものところに行ったこともあります。その時は、ちょっと躊躇したんですよ。ある団体の方から、「白血病の女の子が、マギーさんのマジックを目の前で見たいって言うんです」というお願いでした。その時、自分はそういう子どもたちを利用しているんじゃないか……と思っちゃったんですよ。それで躊躇したのです。でも、その子が僕を見たいって言うので、大人の感覚なんかは乗り越えて行かなきゃいけないって感じました。その4歳の子は声も出ない、治療をしているので帽子をかぶっている。マジックをすると、笑ったことのないその子が笑ってくれた。そして、最後にその子がお母さんに耳打ちをしました。「マギーさんに、自分の治療をしているお医者さんから教わったトランプマジックを見せたい」って。その子が僕にマジックを見せてくれたのです。「ああ、行って良かったなあ」って思いましたね。だから、自分が常に弱い立場にいた方が、いろんな人の気持ちがわかるかなあと思います。よく考えたら、コンプレックスは宝物かもしれないですね。

松井●マギーさんの場合のコンプレックスは斜視でした。上野さんの場合はヤケドですね。

上野●私は自分のヤケドと、その後の体験からですね。

松井●そのコンプレックスで、だめになる人は結構多いと思います。

上野●すぐ乗り越える人と乗り越えられない人では、人生観が変わるんです。私が行っている悩み相談でも、後日に「あの時、上野先

生にカウンセリングをやってもらったから、今日があります」というお手紙をいただくことがあり、「やってよかったなあ」と。マギーさんと同じですね。

ヤケドや事故で頭髪を失った人たちを、もっともっと救いたい。

松井●よく似ているお二人ですが、それでもお互い自分にはないものがあるかも知れません。ちょっと聞いてみたいことは……?

マギー●芸事は意外に無責任でいいのです。失敗も受け入れられますし、自分さえしっかりしていたら……。僕もよく失敗するんですが、完璧に演技しなくてもいい。でも上野さんの場合、カツラの毛髪を一度切ったらもう育たないじゃないですか。失敗できませんよね。そういうところは大変でしょうね。

上野●世界に一つしかないオーダーの製品じゃないですか。それを任されてやるわけですから、もう本当に命がけです。マギーさんは、テレビなどで活躍されていて、あれだけのネタをどうやって考えていらっしゃるのですか。

マギー●普通の手品師よりは素材の数は少ないと思います。同じことをずっと繰り返していた方が、どうも長く持ちそうですね。例えばハンカチの手品。これももう何十年もやらしていただいて、同じものでなんだか笑っていただける。だから自分の気持ち作りですかね。それと、あまり大したことはやっていないので、芸人の場合は、あまり幸せにならないこと。とにかくお客さんが優越感にひたれないと駄目。マジックって変なところがあって、突然驚かせるみたいな感じがあるのです。これから何をやるって言わないで——、こっちはいっぱい稽古をして相手が驚くことを演じる。そうすると、自然にマジックをする側の人間が強い立場になっちゃうんです。だから、それ以外のところではうんと駄目な人間になっていた方がいいみたい。例えば僕がものすごく賢くて格好良かったら、誰も笑ってくれませんよ。

松井●最後に、今後どういう希望を持っていらっしゃいますか。

マギー●今ね、弟子たちは何人かいるんですけど、孫弟子がいないんですよ。誰かが弟子をとれば、その弟子と孫弟子と3人で舞台に立ちたいですね。

上野●私はこの仕事しかできないものですから……。文明社会が発展すればするほど、ヤケドというのはついて回ります。でもヤケ

ドは皆さんにいろんな呼びかけをすることで防げるのです。ご承知のように、体の傷には健康保険などが適用にされています。義歯を入れたり、義足をつける際も保険が適用されます。しかしカツラには保険の適用がないのです。労災保険を除いて、健康保険は適用されていません。カツラに保険が適用されるようになれば、心に傷を持ちながらも、高額なためカツラに手が届かない人たちも、容易に手に入れることができます。ヤケドや事故で頭髪を失った人たちがカツラを使用することが、堂々と胸を張って積極的な人生を送れるのです。それができれば、もっともっとヤケド患者さんを救える、というのが私の願いです。

松井●今日は、ありがとうございました。

（2014年7月15日、東京にて）

profile

マギー司郎

マジシャン。1946（昭和21）年、茨城県下館市生まれ。1963（昭和38）年に17歳で上京。20歳でプロのマジシャンとして活動を開始。1981、82（昭和56、57）年、放送演芸大賞ホープ賞受賞。1997（平成9）年、奇術協会天洋賞受賞。2004（平成16年）に出演したNHK『課外授業ようこそ先輩』が第31回日本賞教育番組国際コンクール最優秀番組東京都知事賞を受賞。2005（平成17）年、ゆうもあ大賞グランプリ受賞。ギャグのセンスにあふれる新しいタイプのマジシャンとして人気を博している。現在、弟子12人のマギー一門を率いている。著書に『生きてるだけでだいたいOK　おちこぼれマジシャンが見つけた「幸せのヒント」』（講談社）等がある。

松井宏夫

医療ジャーナリスト。1951（昭和26）年、富山県生まれ。中央大学卒業。日本ドキュメント・フィルム助監督、「週刊サンケイ」記者を経てフリージャーナリストになる。1991（平成3）年、『名医名鑑』（日本工業新聞社）を出版。名医本のパイオニアであるとともに、分かりやすい医療解説でも定評がある。テレビ、ラジオ、新聞、週刊誌などで幅広く活躍し、日本医学ジャーナリスト協会の幹事を務めている。医療最前線の社会的問題に取り組み、高い評価を受けている。主な著書に『この病気にこの名医 PART1・2・3』（主婦と生活社）、『『あなたのためのがん用語辞典』（共著、文春新書）、『症状からわかるあなたの病気と治療法』（実業之日本社）等。

2010上海世界博覧会 日本館イベントステージ
「上野和彦ワールドヘアーショーIN上海」作品 (2010.8.3)

ジャパンヘア

モリコロヘア

和・乱・舞　　　　　　　　　　　　　　　　無限

第15回木曽川源流夏祭り
「きそむらふるさと大使上野和彦ヘアショー」作品 （2014.8.2）

木曽川源流ヘア

やぶはら高原雪だるまヘア

やぶはら高原木輪ヘア

赤と黒ヘア

蝶ヘア

フィナーレ

木曽賛美歌ヘア

あとがき

　同じ悩みで苦しむ人の役に立ちたいと、1975年に名古屋市内に医療用かつら専門クリニックサロン「サン・ヘアー中部」を開業、同時に「日本熱傷ボランティア協会」を設立して以来、長年にわたってヤケドの後遺症に苦しむ人たちの無料相談を行ってきました。

　これまで相談に乗った方の数は、およそ5万人余にのぼります。「自立できた」「社会復帰ができた」など、たくさんの感謝のお手紙が私のもとに届きます。

　そうしたボランティア活動が認められて、2014年7月にバラク・オバマ米国大統領から「プレジデント・ボランティア・サービス賞」を受賞しました。また同年3月、国際親善に貢献したとしてフランス政府から特別功労賞を授与され、10月には私の住む愛知県日進市から社会福祉に貢献したとして表彰を受け、長野県木祖村からも伝統工芸品の「お六櫛」の発展に貢献したとして表彰されました。さらに11月には社会奉仕活動の功績により秋の「緑綬褒章」を受章しました。

　このような数々の栄誉は、活動を理解し、ご支援いただいた皆様のお陰と、心から御礼申し上げます。今後もボランティア活動をライフワークとし、活動を続けて参ります。本書は、多くの方のご厚意とご協力により誕生しました。心からの感謝と敬意を表します。ありがとうございました。

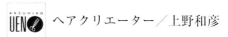ヘアクリエーター／上野和彦

■著者紹介

上野 和彦（うえの・かずひこ）

ヘアクリエーター・理学博士。
1952年、新潟県生まれ。2歳のとき囲炉裏に落ち、頭髪の一部を失う。この事故がきっかけとなりヘアの世界に入る。75年、名古屋市内に医療用かつら専門クリニックサロン「サン・ヘアー中部」を開設。また「日本熱傷ボランティア協会」を設立し初代会長に就任、事故などで髪に障害を負った人たちの社会復帰に尽力している。
一方、各種ヘアファッションショーやラジオ・ラジオ番組などにも多数出演、国内外コンクールの特別審査員に選ばれるなど、ヘアクリエーターとしても活躍。「愛・地球博」（愛知万博・2005年）、「上海国際博覧会」（上海万博・2010年）でもヘアショーを行う。
著書に『ヘアアート写真集・上野和彦の世界』（中日新聞社）『上野和彦のヘア・トラブルこれで解決』『カツラ博士上野和彦の髪で心に太陽を』（現代書林）『ART BOX／POST CARD BOOK ヘアクリエーター上野和彦の世界』（ART BOX インターナショナル社）などがある。

【連絡先】
サン・ヘアー中部
〒450-0002
名古屋市中村区名駅3-13-28 名駅セブンスタービル1109号
TEL.052-583-9676　FAX.052-581-0266
http://www.japan-net.ne.jp/~sun-hair/

〈撮影協力 Photographer〉
　浅賀　百毅
　大竹　浩二
　戸川　國廣
　花井　知之
　林　　宏樹
〈Hair designer/Hair Creator〉
　上野　和彦（サン・ヘアー中部）
〈座談会コーディネイト〉
　名古屋冗（きどあいらく企画）
〈Model〉
　㈱セントラルジャパン所属、他
〈題字〉山下美奈子
〈カバー・本文デザイン〉竹内　進

ありがとう
ヘアクリエーター 上野和彦の世界

2015年1月30日　第1刷発行

著者　　上野　和彦
発行者　山口　章
発行所　風媒社
名古屋市中区上前津2-9-14 久野ビル
tel.052-331-0008　fax.052-331-0512
http://www.fubaisha.com/
＊印刷・製本／モリモト印刷

ISBN978-4-8331-5289-1　＊定価はカバーに表示してあります。
乱丁・落丁本はお取り替えいたします。